Rita Duller

Nascida em São Paulo e de família simples, Rita Duller teve sua primeira experiência mediúnica aos sete anos. Atualmente, apresenta toda semana o programa *Segredos e Magias*, na Rádio Mundial, no qual usa de sua vidência e conhecimento de vários oráculos, como baralho cigano, tarot e runas, para orientar aqueles que necessitam de auxílio espiritual.

Além disso, já participou de programas de destaque como Superpop e Mulheres, nos quais utilizava sua capacidade mediúnica para esclarecer assuntos da alma.

Capa: Vitor Belicia
Projeto Gráfico: Vitor Belicia
Revisão: Editorial Vida & Consciência

1ª edição — 1ª impressão
10.000 exemplares — outubro 2013
Tiragem total 10.000 exemplares

Dados Internacionais de Catalogação na Publicação (CIP)
(Câmara Brasileira do Livro, SP, Brasil)

Duller, Rita
Momentos de inspiração com Rita Duller. —
São Paulo : Centro de Estudos Vida & Consciência Editora, 2013.

ISBN 978-85-7722-276-6 (capa dura)
ISBN 978-85-7722-271-1

1. Espiritualidade 2. Livros de frases 3. Reflexões
I. Título.

13-11046 CDD-808.882

Índices para catálogo sistemático:
1. Frases : Reflexão : Literatura 808.882

Esta obra adota as regras do novo acordo ortográfico (2009).

Editora Vida & Consciência
Rua Agostinho Gomes, 2.312 – São Paulo – SP – Brasil
CEP 04206-001
editora@vidaeconsciencia.com.br
www.vidaeconsciencia.com.br

Momentos de inspiração
com Rita Duller

A orientadora espiritual Rita Duller reúne frases que farão você perceber que a felicidade está, de fato, em suas mãos. São verdades singelas que vão despertá-lo para uma nova vida, muito mais harmoniosa e feliz.

Um dia um anjo de Deus
Aos seis anos, a confiança e o dom já diziam tudo pra mim. Não adianta ter dom e não confiar nele.
Acredite na sua capacidade, mesmo que ache que não significa grande coisa. Alguém sempre está olhando e confiando em seu potencial.
Vá em frente sem olhar para trás e siga com coragem e fé.
Você já é um vencedor.

Eternos são os registros que nunca sairão de sua mente, que não apagamos nem rasgamos como uma página mal escrita. Que seja eterno enquanto dure. O recomeço é acreditar que o dia de hoje pode se transformar em um amanhecer cheio de luz.

Brigue com você, mas
não brigue com o
mundo. Faça amigos,
pois os inimigos já
foram criados pela
sua intolerância.
Compreenda: mais valem
dez amigos do que um
inimigo que vale por
dez para derrubá-lo.
Construa a paz e não as
muralhas para dificultar
sua própria vida.

Muitas coisas são verdadeiras, mas saber da verdade não é tão fácil. Às vezes, fingimos nos cegar, pois a verdade pode nos mostrar as nossas próprias fraquezas. A verdade mora ao lado da justiça. Não fuja dela. Um dia essa verdade irá até você e você não terá mais para onde correr. Corrija seus erros enquanto o tempo está firme aos seus pés.

Nunca se esqueça de que você é o único dono do seu coração. Cada pedacinho que queira doar, doe com consciência, pois o coração é a fala das suas emoções e desilusões.

Não devemos ser os melhores ou os piores, mas podemos nos diferenciar com nossas atitudes e com a nossa consciência. A reputação será o ganho de acreditar que tudo na vida podemos transformar.

Os passos em um retorno
nunca mais serão os mesmos.
Retorne de cabeça erguida.
Tropeçar na vida faz parte
para quem um dia teve que
aprender a caminhar.
Só retorna em palavras
e gestos aquele que tem
humildade no coração.
O coração do mal é
analfabeto com o bem, não
sabe ler a dor do outro.
Respeite o seu espaço e
aprenda a respeitar o espaço
de quem está à sua frente.

Tudo tem seu preço, até para a sua paz. Deixar para lá não significa que você concordou com o fato. Deixar para lá significa que o tempo não foi feito para você criar desvantagens com quem não conhece a realidade. Aproveite e faça sempre o seu melhor.

Ando com calma porque aprendi que o tempo traz o sabor da vida.
Somente quando você tem a paz dentro de si pode sorrir.
Sei que pouco conheço, e tenho muito mais para aprender.
Cumprir a vida é tocar em frente a cada dia que amanhece com coragem e determinação:
Um dia amamos, outro dia dizemos adeus...
E assim vamos compondo nossa história nas páginas em branco que a vida nos dá a cada novo amanhecer...

Que Deus dê o poder e a bondade e ilumine a todos os que necessitam de paz. Dê sabedoria àqueles que se perdem na dor e no sofrimento, a cura para quem chora, o sorriso para quem não aprendeu a ser feliz.

No momento de dor e necessidade nem todos a quem você um dia estendeu as mãos estarão ao seu lado. Olhe apenas os que ficaram e agradeça. Se estiver só, agradeça da mesma forma a oportunidade que a vida lhe deu de descobrir sua própria força. Não se lamente jamais, pois o Universo é sábio, verdadeiro e mostrará o caminho certo sempre que precisar. Você nunca está só! Acredite e confie!

"Não julgue para não ser julgado", diz o famoso ditado. Permita que a humildade se instale em seu coração e perceba que os tropeços, nossos e dos outros, se transformam em ensinamentos para uma vida melhor. Somos apenas seres em busca de evolução...

Diga não a qualquer tipo de agressão.
Ela nos iguala aos desclassificados
que desrespeitam o ser humano
no abuso de uma situação desigual
e criminosa.
Valem-se de uma oportunidade
desleal e torturam os mais fracos
e desprotegidos com a finalidade
de proveito próprio, sem sinal de
arrependimento ou lamento.
A eles o destino se encarregará de
mostrar o verdadeiro código dos
valores éticos e espirituais.
A nós cabe ajudar a curar as
feridas daqueles que nossos braços
conseguirem alcançar, e confiar na
vida, que tudo sabe enxergar.

É preciso fortalecer meus pensamentos, resgatar a força que por um momento julgo perdida. Não basta falar tanto em fé e esconder os próprios talentos. Na prática diária é que misturo o tempero da vida e exalto minhas crenças, louvando, trabalhando e praticando o bem.

O pobre às vezes deseja a riqueza dos poderosos e se esquece de reconhecer o valor do que já possui. A pobreza, às vezes, é a porta da liberdade para se viver em paz! Na simplicidade pode-se encontrar a riqueza de vários valores que muitos não desenvolvem a sensibilidade de perceber. A verdadeira riqueza é aquela que se vê com a alma.

Não desista! Levante-se! Coloque seus pés para caminhar!
Se está difícil, olhe para você e tente novamente, você vai conseguir forças. É de pessoas como você que o mundo precisa. Tente sempre, muitas vezes se for necessário, mas não desista da vida e de ser feliz.
Acredito em você, que sempre encontra uma nova oportunidade de recomeçar. A capacidade está dentro de cada um, basta acreditar e não desistir quando uma dificuldade aparecer no caminho.
Lembre-se: em cada dificuldade surge uma nova oportunidade de recomeçar.

O que mais se espera é o apoio de pessoas amigas quando se está com dificuldades. Quando, por alguma razão, isso não acontece, o mundo se acaba na ingratidão ou na desilusão. Mas o que é preciso lembrar nessa hora é que Deus confiou em seu potencial quando o deixou só. Confiou em tudo que você já conquistou em maturidade e sabedoria para lidar com os desafios, por piores que possam ser. Fique do seu lado, se dê o apoio amoroso e descobrirá que é capaz de superá-los, mantendo o equilíbrio e a paz.

Mesmo que os caminhos sejam diferentes, estamos todos unidos na mesma caminhada. Não importa quais sejam as escolhas, não há nada que mude as leis da natureza. Estaremos sempre unidos uns aos outros, e quem não sabe criar amigos, opta por ficar com os inimigos. Pense nas escolhas que faz agora e determine como vai continuar seu caminhar.

Um dia sem sorriso será um dia
de tristeza.
Um dia sem esperança será um dia
de desilusão.
Um dia sem acreditar será um dia sem
crédito na vida.
Um dia sem beleza será um dia cinza,
sem cor para o amanhã.
Um dia que deixar suas páginas
da vida em branco será um dia
sem construção.
Um dia sem bondade será um dia que
não plantará a semente do futuro.
Um dia tudo pode mudar, se elevar e
se transformar.
Você é o construtor da sua obra.
O dia de hoje está em suas mãos.
O que ele será?

BOM DIA!

Se o seu fruto maior é a vingança, desculpe-me, você plantou uma semente já estragada no meio de muitas boas que poderiam alimentá-lo. E agora, qual será sua colheita? Sempre é tempo de outras sementes cultivar. Escolha melhor e vá em frente.

Dentro de um coração sentimentos, a distância que chora, o desespero de nunca mais poder ver, final de uma aliança de falas, lágrimas, sorrisos, abraços. Final de um ciclo. Uma saudade que ninguém pode curar. O tempo não pode apagar o que se aprendeu com esse amor de toda uma vida. O segredo é transformar tudo isso na esperança de um novo reencontro, seja quando for, pois o amor nunca morre.

O ideal é que você sempre tente concretizar. Uma engenhoca se transforma em ouro quando você compartilha suas criações. O sucesso não nasce sozinho, os grandes arquitetos têm abaixo deles mil cabeças inspirando os seus desejos e transformando tudo em realizações. Uma andorinha só não faz verão.

O silêncio exalta nossos pensamentos, é um momento de encontro com nossas criações. Dê um minuto de silêncio por dia para você. Para muitos, ele é fuga, mas para outros é a liberdade e a oportunidade de reflexão.

Não importa quantas vezes somos humilhados, machucados ou feridos. O importante é não nos deixarmos contaminar por este sintoma de deixar de amar. É matar suas emoções por algo ainda tão pequeno perante as forças universais.

Enquanto há vida, há esperança, mas devemos saber como usar as oportunidades. O desespero cega e leva a inúmeros erros. Devemos pensar muito no hoje para não jogar fora o amanhã, procurar não esgotar nossas energias muitas vezes com coisas inúteis.
É preciso usar o tempo para recuperar e começar uma luta na busca de uma vitória, com coragem e fé.

O primeiro abraço tem que ser seu. Aprenda a se abraçar de maneira calorosa e confiante. A saudação acompanhada de um abraço cheio de energia restauradora de bom dia, boa noite, é o início de uma grande aliança energética a se formar em torno de você. Ao mesmo tempo cria uma positivação no ambiente, rompendo qualquer energia negativa que possa estar próxima. Melhor ainda se este gesto estiver associado a um sorriso simples e sincero.
As pequenas gentilezas são muito importantes em nossa vida e enriquecem a alma.

Viva intensamente. A vida é consequência de nossas ações. Elas determinam nosso futuro. Porém, só as lembranças boas servem para nos dar forças para viver melhor, com equilíbrio e paz.

Um dia após o outro. A vida é um eterno continuar... Atitudes, impensadas ou não, estão a todo momento determinando nosso futuro. Amanhã estaremos sofrendo as consequências desses atos. Será que trarão lágrimas? Sorrisos? Abraços amorosos ou desilusão? Que tal pensar no que fazer agora?

Se alguém está caluniando você,
saiba que não está sozinho!
Eles morrem com o próprio
veneno a qualquer tempo.
E você, que não se incomodou
e permaneceu no seu melhor,
está colhendo os frutos de
desenvolver a própria força e o
poder de ficar na paz.

Abençoado é aquele que
sabe agradecer o que recebe.
O momento justo é para
quem tem fé.
Agradeça a Deus e a
justiça divina se, na sua
vida, existem pessoas que
carregam a justiça e o amor,
além dos conhecimentos
do coração, estendendo-lhe
as mãos. Esta generosidade
é uma grande riqueza cujo
valor poucos reconhecem.
Aproveite!

Dessas mãos nunca abandonei,
e ainda clamei por todos.
Uma lágrima caída, um olhar
de amor para salvar...
Desenho em meus pensamentos
uma estrada que só me fortalece.
Quem perdeu foi quem nunca
pisou nela.
Nesta estrada, até meus inimigos
podem pisar, mas não significa
que irão chegar até o final.
Só existe um vencedor nas
conquistas da realização maior,
da felicidade eterna.... EU.

Se na sua estrada existem pedras, não chore. Lembre-se de que Deus pode estar apostando na sua força e na capacidade de superação que sabe que você tem. Portanto, continue em frente. O amanhã sempre traz um novo recomeço. Na próxima curva, tudo pode se modificar. Faça um esforço e mantenha o bom humor que os problemas ficam mais leves. Já dizia um amigo: "Não há bem que sempre dure, nem mal que nunca se acabe"!

Meu silêncio é minha conquista.
A cada dia aprendo mais, com firmeza, clareza e sem temer nada. Não acredito no acaso, aquilo que está fora não me pertence. Se eu perco algo, é porque nunca me pertenceu verdadeiramente.
O que é meu por direito divino, de corpo e alma, a vida resguarda.
O Universo conspira a meu favor.
A minha parte é preservar com respeito. Por isso, penso em tudo que usufruo nesta vida e que um dia poderei prestar contas com quem é de direito. Meu corpo, minha família, meus amigos, meus valores, minhas conquistas...

O respeito é um sentimento divino que precisamos aprender a exercitar. Ele é a expressão dos sentimentos da nossa alma e abre muitas portas para nosso progresso e equilíbrio, enquanto o desrespeito é a arma dos fracos.
Respeite para ser respeitado, pois o Universo devolve tudo que projetamos em nossas atitudes.
Lembre-se: o tempo é nosso amigo valioso, não desperdice a oportunidade do momento.

Temos o direito de sentir, mas nem sempre de ferir. Ninguém é causador de suas frustrações, pois você é dono de seu coração, e é 100% responsável por seus sentimentos. Os fatos da vida causam muitas sensações diferentes, mas você pode escolher como vai reagir a eles. Educar suas atitudes e emoções faz parte da aprendizagem com que a vida nos desafia constantemente. É nessa hora que desenvolvemos a capacidade de agir com sabedoria e equilíbrio para viver melhor.

Abrace a fé e caminhe
com esperança, mesmo
quando tudo parecer
confuso e desanimador.
O Universo sempre
ilumina nossos passos e,
quando menos se espera,
novas portas se abrem.
Confie na vida e siga
em frente!

Nem tudo que penso posso dizer, mas posso sentir e ponderar se vale a pena lutar. Refletir antes de agir é muito importante para garantir bom senso e equilíbrio para não se arrepender mais tarde. Em barca furada é bom desistir e não continuar a navegar, porque mais cedo ou mais tarde ela vai afundar. A terra firme é o lugar certo para poder caminhar com segurança e o sucesso poder encontrar.

A palavra tem poder, é preciso cautela antes de pronunciá-la. Se não puder elogiar ou estimular, é melhor se calar. Se pretende ensinar, que tal pensar e escolher a melhor maneira para não machucar. Colocar sua opinião de maneira sincera e honesta não significa impor suas ideias, é preciso também aprender a ouvir e a respeitar a decisão alheia. Conviver com as diferenças é uma arte que enobrece e desenvolve o espírito na busca do equilíbrio espiritual.

Aquele que pensa somente
em tirar vantagem no que faz
tem seu prazo de validade
decretado. O pouco que
acha que recebeu foi o muito
que alguém teve para lhe
dar. É preciso desenvolver a
simplicidade de repartir o
pão sem apego.
A humildade e a generosidade
são atributos da alma que
enobrecem o espírito.

Se o passado foi doloroso, lembre-se dele apenas como uma lição.
Faça do agora atitudes de fé e coragem para que amanhã possa colher os frutos do sucesso e da fartura. Acredite no amanhã, pois a vida sempre reserva grandes momentos para quem cultiva a bondade e a simplicidade.
Mantenha os bons pensamentos e construa atitudes de paz que o Criador sempre o protegerá.

Todas as pessoas que passam em nossa vida deixam algo: uns coisas boas, outros decepções. Mas tudo tem um significado, quando a chuva cai é para limpar. A força da enxurrada arranca o que está superficial e leva embora os restos do que ficou. No dia seguinte é que percebemos o estrago que causou. Tudo vem, tudo vai. O que permanece é aquele que te estendeu as mãos e enraizou o sentimento de amor verdadeiro que ficou para sempre. A chuva é necessária para a renovação e para nos ajudar a reconstruir constantemente.

Deus me deu a vantagem e o poder para escolher.
Dentro do meu coração tenho você, meu amigo, que mesmo a distância consegue sentir minha dor, minha alegria.
Sabe quando meu coração chora ou sorri. Torce por mim e me apoia quando necessito. Me alerta quando necessito, e está presente em momentos difíceis.
Trago você comigo onde estiver, no reconhecimento da nossa amizade, e agradeço a Deus pelos laços.
Que sejam eternos porque são celestiais e abençoados.

Conheça os romances que fazem diferença na vida de milhões de pessoas.

Zibia Gasparetto

A verdade de cada um
A vida sabe o que faz
Entre o amor e a guerra
Esmeralda - nova edição
Espinhos do tempo
Laços eternos
Nada é por acaso
Ninguém é de ninguém
O advogado de Deus
O amanhã a Deus pertence
O amor venceu
O fio do destino
O matuto
O morro das ilusões
Onde está Teresa?
Pelas portas do coração - nova edição
Quando a vida escolhe
Quando chega a hora
Quando é preciso voltar

Se abrindo pra vida
Sem medo de viver
Só o amor consegue
Somos todos inocentes
Tudo tem seu preço
Tudo valeu a pena
Um amor de verdade
Vencendo o passado

Ana Cristina Vargas

A morte é uma farsa
Em busca de uma nova vida
Em tempos de liberdade
Encontrando a paz
Intensa como o mar

Amadeu Ribeiro

O amor nunca diz adeus
A visita da verdade

Eduardo França

A escolha
A força do perdão
Enfim, a felicidade

Lucimara Gallicia

O que faço de mim?
Sem medo do amanhã

Sérgio Chimatti

Apesar de parecer... ele não está só
Lado a lado

Leonardo Rásica

Luzes do passado

Márcio Fiorillo

Em nome da lei

Flávio Lopes

A vida em duas cores
Uma outra história de amor

Floriano Serra

Nunca é tarde
O mistério do reencontro

Evaldo Ribeiro

Eu creio em mim

Marcelo Cezar

A última chance

A vida sempre vence - nova edição

Ela só queria casar...

Medo de amar - nova edição

Nada é como parece

Nunca estamos sós

O amor é para os fortes

O preço da paz

O próximo passo

O que importa é o amor

Para sempre comigo

Só Deus sabe

Um sopro de ternura - edição revista e atualizada

Você faz o amanhã

Mônica de Castro

A atriz - edição revista e atualizada
Apesar de tudo...
Até que a vida os separe
Com o amor não se brinca
De frente com a verdade
De todo o meu ser
Gêmeas
Giselle – A amante do inquisidor - nova edição
Greta
Jurema das matas
Lembranças que o vento traz
O preço de ser diferente
Segredos da alma
Sentindo na própria pele
Só por amor
Uma história de ontem - nova edição
Virando o jogo

VIDA & CONSCIÊNCIA
GRÁFICA

Rua Agostinho Gomes, 2.312 – SP
55 11 3577-3200

grafica@vidaeconsciencia.com.br
www.vidaeconsciencia.com.br